Entendamos la economía

Monika Davies

Asesores

Crystal Hahm, M.A.Ed., Ed.M.
Distrito Escolar Unificado de Tustin

Bijan Kazerooni, M.A.
Chapman University

Créditos de publicación

Rachelle Cracchiolo, M.S.Ed., *Editora comercial*
Conni Medina, M.A.Ed., *Gerente editorial*
Emily R. Smith, M.A.Ed., *Realizadora de la serie*
June Kikuchi, *Directora de contenido*
Caroline Gasca, M.S.Ed, *Editora superior*
Susan Daddis, M.A.Ed., *Editora*
Sam Morales, M.A., *Editor asociado*
Courtney Roberson, *Diseñadora gráfica superior*
Jill Malcolm, *Diseñadora gráfica básica*

Créditos de imágenes: pág.8 Maryland State Archives, Huntingfield Collection, MSA SC 1399-1-101; pág.9 Chronicle/ Alamy; pág.10 North Wind Picture Archives/Alamy; págs.11, 32 North Wind Picture Archives; pág.23 Rena Schild/Shutterstock; pág.24 MaximImages archive/Alamy; pág.26 Glasshouse Images/ Alamy; pág.27 (centro) Taina Sohlman/Shutterstock; todas las demás imágenes de iStock y/o Shutterstock

Library of Congress Cataloging-in-Publication Data

Names: Davies, Monika, author.
Title: Entendamos la economia / Monika Davies.
Other titles: Understanding economics. English
Description: Huntington Beach, CA : Teacher Created Materials, [2019] |
  Identifiers: LCCN 2018022252 (print) | LCCN 2018025250 (ebook) |
ISBN
  9781642901351 (ebook) | ISBN 9781642901191 (pbk.)
Subjects: LCSH: Economics. | United States--Economic conditions.
Classification: LCC HB71 (ebook) | LCC HB71 .D29518 2019 (print) | DDC
  330--dc23
LC record available at https://lccn.loc.gov/2018022252

Teacher Created Materials
5301 Oceanus Drive
Huntington Beach, CA 92649-1030
www.tcmpub.com
ISBN 978-1-6429-0119-1
© 2019 Teacher Created Materials, Inc.
Printed in China
Nordica.092018.CA21801136

Contenido

¿Qué es la economía?

    ¿Qué te viene a la mente cuando piensas en la economía? Si dijiste "dinero" vas por el camino correcto. Economía es una palabra muy importante. Tiene un significado complejo. Es el estudio de dos aspectos importantes. Por un lado, comprende el proceso de producir y vender bienes y servicios. Por otro lado, estudia cómo las personas gastan el dinero que ganan.

    Todos los días las personas toman decisiones. ¿Compraremos jugo de manzana o jugo de naranja? ¿Compraremos un libro o boletos para el cine? Estas son decisiones económicas. Y estas decisiones afectan más que solamente a nosotros. También afectan la manera en que nuestra comunidad crece y cambia.

La historia de la economía

El estudio de la economía se remonta a épocas antiguas. Aristóteles, un pensador y escritor griego, nació en 384 a. C. Escribió que las personas tenían necesidades simples y deseos inagotables. Creía que las personas deberían comerciar para satisfacer sus necesidades.

estatua de Aristóteles

Cada comunidad tiene su propia economía. Este es el sistema con el que se compran bienes y servicios. Los bienes son artículos que se pueden ver y tocar. Pueden ser cosas tales como alimentos, prendas o teléfonos. Los servicios son acciones que alguien hace para otros. Un servicio puede ser que un plomero repare cañerías. O puede ser que un conductor de autobús transporte a las personas por la ciudad.

Todos los días, las personas compran y venden bienes y servicios. Estas acciones **impulsan** las economías locales. Pero lo que se compra y lo que se vende ha cambiado con el paso del tiempo. Algunos bienes y servicios son los mismos. Otros son nuevos. Estos cambios dirigen la economía.

Hola, tecnología

La tecnología ha cambiado por completo nuestra vida. Antes íbamos a las tiendas a comprar. Ahora compramos en línea. La tecnología ha influido en lo que compramos y vendemos, y a la vez cambia la manera en que compramos y vendemos bienes y servicios.

Las primeras economías de Estados Unidos

En 1607 se estableció la primera colonia inglesa en Estados Unidos. Estaba en Jamestown, Virginia. Los pobladores llegaron de Inglaterra. Comenzaron a armar su vida en la nueva colonia. Había tierra **fértil**. Y había comida suficiente para todos. No obstante, menos de la mitad de los colonizadores lograron sobrevivir.

Se enviaron más colonizadores. Y una vez más, pocos sobrevivieron. Las personas morían de hambre. Los líderes británicos estaban confundidos. ¿Cómo podrían sufrir hambre los colonizadores con tanta comida disponible? Enviaron a *Sir* Thomas Dale para investigar. Dale era un comandante naval. Sería el líder de la nueva colonia.

Este mapa de Virginia se elaboró a principios del siglo XVII.

Dale arribó en 1611. Cuando llegó, Jamestown necesitaba ayuda. Las personas tenían hambre pero no todos trabajaban duro. Pronto descubrió una de las razones. Toda la comida se compartía. Todos recibían la misma cantidad sin importar cuánto prosperaba su granja. No había **incentivos** para cultivar más.

Estas son las ruinas de la torre de la iglesia original en Jamestown.

La economía en acción

Los colonos eran muy pobres. Entonces, descubrieron una manera de ganar dinero vendiendo tabaco. Vendieron mucho tabaco a Inglaterra. Los colonos también hacían intercambios. Los indígenas de Estados Unidos les daban maíz y pieles. A cambio, ellos recibían tabaco. La economía de la colonia mejoró.

Los pobladores debieron trabajar hacia un futuro. Dale tenía una solución. A cada hombre se le dieron tres acres de tierra. La tierra era ahora su propiedad privada. Todo alimento que se cultivaba o que se hallaba en la tierra se lo quedaría esa persona. Los pobladores también podrían intercambiar o vender cualquier cosa que cultivaran o que cazaran.

Las personas sabían que si se esforzaban lograrían **prosperar**. En poco tiempo tuvieron más cultivos. Se fomentó el comercio.

pobladores de Jamestown

Pronto los pobladores buscaron otros artículos para intercambiar. Desarrollaron nuevas habilidades. Algunos hombres se convirtieron en herreros. Otros se convirtieron en carpinteros. Se alentó la **innovación**. Esto generó nuevos bienes y servicios. El mercado creció.

Los pobladores establecieron las primeras economías. La propiedad privada sigue siendo una parte vital de Estados Unidos. Esto también es válido para la innovación. Estos dos principios ayudaron a formar economías fuertes.

Estos hombres trabajan en una herrería.

Los puestos más altos

La economía de Estados Unidos es una de las más sólidas del mundo. Uno de los motivos principales es California. ¡Si ese estado fuera un país, estaría entre las diez primeras economías mundiales!

Tu función en la economía

Todos desempeñamos una función en nuestra economía local. Compramos bienes y servicios. Y elegimos los bienes y servicios en los cuales invertir.

Todo lo que se compra y se vende viene con un costo y con un beneficio. Un beneficio es algo que se gana. Un costo es algo que se pierde. Pesamos ambos aspectos cuando tomamos decisiones.

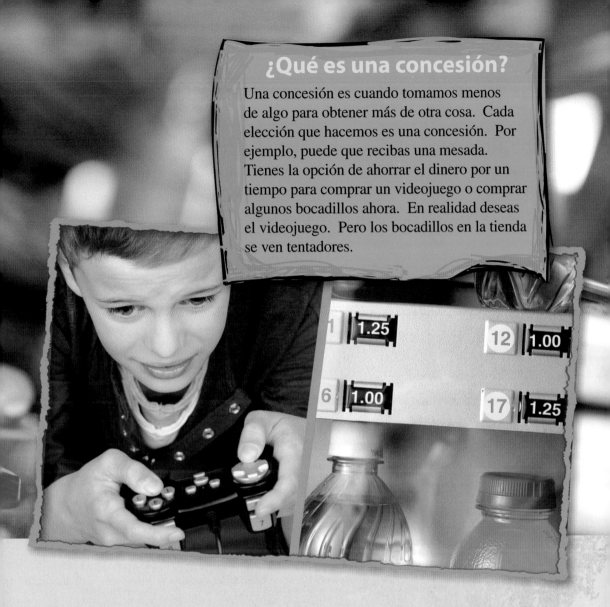

¿Qué es una concesión?

Una concesión es cuando tomamos menos de algo para obtener más de otra cosa. Cada elección que hacemos es una concesión. Por ejemplo, puede que recibas una mesada. Tienes la opción de ahorrar el dinero por un tiempo para comprar un videojuego o comprar algunos bocadillos ahora. En realidad deseas el videojuego. Pero los bocadillos en la tienda se ven tentadores.

Un ejemplo es cuando decidimos qué comer. Todos los días hay personas que deciden comprar una porción de pizza. Esto es una elección. Piensan sobre los beneficios y el costo. El beneficio de comprar una porción es que llenará un estómago vacío. Pero las pizzas tienen un precio. El costo es el dinero que se paga por la pizza. Si alguien compra una porción de pizza, verá que los beneficios valen más que el costo.

Capital humano

Tu función en la economía es más que tus elecciones de compra. Tienes habilidades y conocimientos. Se los llama "capital humano". Pueden cambiar con el tiempo. Ir a la escuela es una de las maneras de construir tu capital humano.

La mente humana es una herramienta importante. Resuelve problemas. Y toma decisiones. Se necesita esto en todos los niveles de trabajo.

Población abundante

Muchos dicen que California es su hogar. Más de 39 millones de personas viven allí. ¡Viven más personas en el Estado Dorado que en todo Canadá! Y todos ayudan a conducir la economía del estado.

En la escuela aprendes muchas materias. Lees y escribes. Practicas sumas y restas. Aprendes a resolver problemas. Esto ayuda a mejorar tus habilidades. Tu esfuerzo como estudiante desarrolla tus capacidades. Esto refuerza tu capital humano.

Tu esfuerzo en la escuela ayuda a construir tu futuro. Quizás algún día seas un **emprendedor**. O quizás seas un trabajador talentoso en algún sector que te apasione. De un modo u otro tus habilidades ayudan a tu comunidad. Cuando tienes éxito, tu comunidad también tiene éxito. Tu éxito ayuda a que la economía crezca.

Factores de producción

Los bienes y servicios son una gran parte de las economías. ¡Pero no salen de la nada! Deben ser producidos. La producción de bienes y servicios depende de cuatro "bloques". Estos son los factores de producción.

tierra trabajo

capital espíritu emprendedor

Tierra: recursos naturales

El primer factor de producción es la tierra. Pero la tierra es más que el terreno que pisamos. Incluye cualquier recurso natural. Un recurso natural es algo que se halla en la naturaleza. Y es algo que las personas pueden usar para crear bienes y servicios.

La lista de recursos naturales es larga. Uno es el agua. También cuenta la fruta que se recolecta de los árboles. ¡Hasta el viento es un recurso natural!

Un intercambio "fructífero"

Muchos estados tienen mercados de agricultores locales. Los agricultores erigen puestos. Venden directamente a las personas, no a una tienda. Y estos mercados no se limitan solamente a frutas y verduras. Otros agricultores venden carne fresca, miel, queso y huevos.

Trabajo: recursos humanos

El segundo factor de producción es el trabajo. Es la actividad que las personas hacen para ayudar a producir bienes y servicios. También se lo conoce como *recursos humanos*.

Piensa en el lugar donde vives. Los ejemplos del trabajo están en todas partes. ¿Quién te corta el cabello? Un barbero o peluquero corta el cabello y le da forma. ¿Cómo cobra vida un jardín? Un jardinero cuida las plantas y el césped. ¿Cómo se procesan las compras? Un cajero hace sonar la campanilla de la caja. ¿Cómo se hace una pintura? Un pintor usa un pincel para darle color a su obra de arte. ¡Todos estos muestran el trabajo en acción!

¡Aquí, allá y en todas partes!

¿Alguna vez has mirado la etiqueta de tu camisa? Quizás hayas visto una etiqueta que dice "Hecho en China". Algunos de los productos que compras se elaboran en tu comunidad local. Otros se fabrican en otra parte del país. Y algunos productos se elaboran **en el extranjero**. Los productos que compramos vienen de todo el mundo.

MADE IN CHINA
HECHO EN CHINA

Recursos de capital

El tercer factor de producción es el capital. El capital viene en todas formas y tamaños. Pueden ser herramientas. O puede ser maquinaria. Los edificios también cuentan. El capital es diferente para cada trabajador. Una herramienta para un constructor es un martillo. Pero una herramienta para un artista es un lápiz.

Piensa en una peluquería. Una herramienta para un peluquero es un par de tijeras. Esa herramienta también es capital. La peluquería se ubica en un edificio. El edificio también es capital. Todo esto es necesario para que el negocio del peluquero funcione. Las tijeras y el edificio no vienen de la naturaleza. Fueron hechos para hacer otros bienes o brindar servicios. Por eso se los conoce como recursos de capital.

Economía cambiante

En el siglo XXI algunas empresas están gastando menos en capital. Gastan más en cosas que no pueden verse ni tocarse. Por ejemplo, ahora hay personas que venden bienes por internet. Las personas no necesitan ir a una tienda. Pueden comprar en línea.

Espíritu emprendedor

El cuarto factor de producción es el más importante. Es el espíritu emprendedor. Esto es cuando las personas innovan.

La innovación ocurre en todas las líneas de trabajo. Primero, una persona o un equipo comienzan con una idea. Luego, **aportan** sus recursos. Estos incluyen tierra, trabajo y capital. Sus objetivos son producir bienes o servicios que ayuden a las personas o que hagan sus vidas más fáciles. Sus ideas también pueden generar una **ganancia**.

Todos los emprendedores tienen una historia. Puede ser un grupo de panaderos que vende pastelitos. O puede ser un equipo que administra una tienda en línea. Hasta pueden ser distintas empresas que trabajan con los mismos productos. Por ejemplo, muchas empresas han cambiado la manera en la que se fabrican los teléfonos celulares.

Los emprendedores persiguen sus objetivos. Buscan los recursos que necesitan. Esto los ayuda a tener éxito. Si su empresa crece, la economía también crece.

Los cambios han hecho que los teléfonos celulares sean más rápidos.

Oprah Winfrey es una emprendedora famosa de televisión, cine y revistas.

Los que toman riesgos

¡Los emprendedores son conocidos por animarse a tomar riesgos! Muchos comienzan con muy poco. Sin embargo tienen grandes sueños. Muchos comienzan sus propias empresas. Toman enormes riesgos financieros para seguir sus sueños. Entre los famosos emprendedores están Oprah Winfrey, Steve Jobs y Walt Disney. ¿Puedes pensar en otros?

Jaime el panadero

Los factores de producción trabajan en conjunto para producir bienes y servicios. Echemos un vistazo a un ejemplo para ver cómo ocurre la producción.

Jaime ha perfeccionado el arte de hacer pastel de pacanas. Este año ha decidido abrir su propia tienda. Primero necesita recursos. Su receta requiere determinados ingredientes. Entre estos están las pacanas y los huevos. Ambos son recursos naturales. Luego, compra una nueva batidora. También elige una tienda donde pueda vender sus pasteles. Estos son recursos de capital. Finalmente, contrata a alguien para hacer las ventas. Jaime horneará. Su nuevo empleado atenderá clientes. Ambos proporcionan trabajo, que es parte de los recursos humanos.

Por sí solos estos recursos no producirán un bien o un servicio. Pero Jaime el emprendedor ha combinado estos recursos. ¡Ahora tiene una empresa que vende productos: pasteles de pacanas! Esta es una manera en la que los factores de producción crean una receta para el éxito.

Jaime amasa y arma bases de pastel.

Un ingrediente clave

La receta para el éxito de Jaime tiene otro ingrediente clave: los **derechos de propiedad privada**. Los primeros pobladores ingleses tenían el derecho de poseer, comprar y vender tierras. Eso sigue siendo válido. Ahora eres libre de hacer lo que deseas con tu propiedad. Esto le permite a Jaime comprar una tienda para vender sus pasteles de pacanas. Sus derechos le dan la libertad de alcanzar su sueño.

Lo que depara el futuro

Estados Unidos sigue creciendo. Mucho ha cambiado desde que llegaron los primeros pobladores. Vivimos ahora en una era moderna. Viajamos en automóvil, no a caballo. Los rascacielos suben para alcanzar el sol. Tenemos internet al alcance de los dedos.

El mundo siempre está cambiando. Y eso también es cierto para nuestras economías. Pero algunas cosas siguen siendo iguales. Hacemos elecciones sobre lo que compramos y vendemos. Estas elecciones dirigen nuestras economías. Es fundamental observar lo que guía nuestras elecciones. Nuestras decisiones ayudan a formar el futuro de nuestra comunidad. Entender nuestra función en la economía es una manera de que el futuro siga siendo promisorio.

Este carruaje era un medio de transporte popular entre fines del siglo XIX y principios del siglo XX.

Pasado y presente

Compara estas fotos del pasado y del presente. Piensa en los bienes y servicios que se ofrecían en el pasado. ¿En qué se parecen o en qué se diferencian de los bienes y servicios del presente?

Tesla es una empresa que fabrica autos eléctricos a energía limpia.

¡Escríbelo!

Muchos emprendedores comienzan con un sueño. Tienen ideas que le dan un nuevo uso a sus recursos.

Imagina que trabajas para el periódico escolar. Te piden que escribas un artículo sobre un emprendedor o un empresario local.

Coordina un horario para la entrevista. Elabora una lista de preguntas. Aquí hay dos ejemplos para que puedas comenzar. ¿Cómo se le ocurrió la idea? ¿Qué fue lo más difícil para comenzar? Piensa en dos preguntas más que quisieras hacer.

Realiza la entrevista y escribe el artículo. Incluye un titular y la fecha. Compártelo con tus amigos o con tu familia.

STREET FOOD

GLUTEN FREE

LA AUTÉNTICA
COMIDA
DE LOS

WE
LOVE

PRUEBA NUESTROS

→ PAN DE QUESO · 3,5€

Bon

Profit !!

Glosario

aportan: reúnen personas, insumos y dinero para hacer un producto

derechos de propiedad privada: los derechos de una persona de poseer una propiedad y decidir cómo usar esa propiedad

emprendedor: una persona que abre una empresa para ayudar a las personas o para hacer la vida más fácil en cierto modo

en el extranjero: en otro país que no es el propio

fértil: capaz de sustentar el crecimiento de muchas plantas

ganancia: el dinero que obtiene una empresa después de pagar todos los costos y los salarios

impulsan: dan fuerza a algo

incentivos: algo que le da a las personas un motivo para trabajar más

innovación: una nueva idea o manera de hacer algo

prosperar: tener éxito

Índice

¡Tu turno!

Conocimientos de negocios

Los primeros pobladores comenzaron negocios a partir de las necesidades de sus comunidades. Piensa en las necesidades de tu vecindario. Por ejemplo, quizás alguien necesite un cuidador de mascotas. Elabora un folleto publicitando un bien o un servicio que puedas ofrecer. Incluye el nombre de tu negocio y los detalles que tus vecinos necesitarán al respecto.